Début d'une série de documents en couleur

Couverture inférieure manquante.

LA
QUESTION HYPNOTIQUE

EST-ELLE LICITE OU ILLICITE, NATURELLE OU DIABOLIQUE ?

CONFÉRENCE

Du 14 janvier 1898, aux Facultés catholiques de Lyon

Par l'abbé Elie BLANC

chanoine honoraire de Valence
docteur en théologie, professeur de philosophie scolastique
à la Faculté de théologie.

LYON	PARIS
E. VITTE, Libraire	Ch. AMAT, Libraire
3, place Bellecour	11, rue Cassette

1898

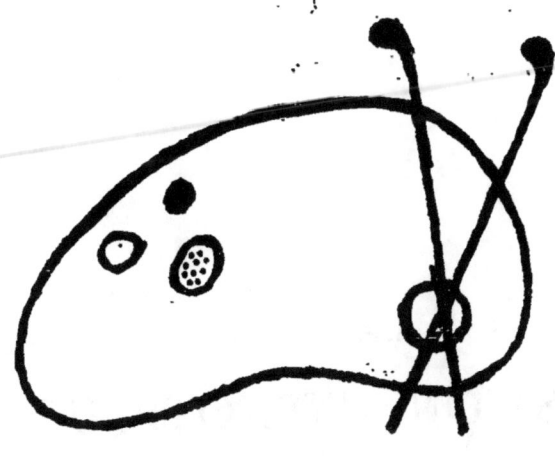

Fin d'une série de documents en couleur

LA
SUGGESTION HYPNOTIQUE

EST-ELLE LICITE OU ILLICITE, NATURELLE OU DIABOLIQUE ?

Du même auteur :

Traité de philosophie scolastique, précédé d'un Vocabulaire de la philosophie scolastique et de la philosophie contemporaine, 3 vol. in-16 de xcix-604. 608, 672 pages. Prix **10 50**

Histoire de la philosophie et particulièrement de la philosophie contemporaine, 3 vol. in-16. Prix. . **10 50**

Etudes sociales précédées de l'Encyclopédie *sur la condition des ouvriers*, in-16 de 473 pages (1897). Prix. **3 50**

Dictionnaire alphabétique et analogique de la langue française à l'usage des écoles, 3.000 mots illustrés et 800 proverbes commentés et formant un traité de morale et de sagesse pratique, in-16 de 1.184 pages. Prix cartonné **2 60**

Le même augmenté de près de 2.000 locutions proverbiales, 1.248 pages. Prix cartonné, 2 fr. 90 ; relié en percaline rouge **3 90**

Morale et Sagesse pratiques en proverbes, commentés d'abord dans l'ordre alphabétique et disposés ensuite méthodiquement, in-8 illustré, 300 pages. Ouvrage de propagande. Prix . . . . **2 »**

Un Spiritualisme sans Dieu, examen de la philosophie de M. Vacherot, in-8 de 140 pages . . . . **2 »**

Théorie du libre arbitre, in-8 de 100 pages. Prix **1 50**

En souscription :

Le Dictionnaire universel de la pensée, alphabétique, logique et encyclopédique ; classification naturelle des mots, des idées et des choses. Cet ouvrage formera un grand in-8 de 1.600 à 1.700 pages à deux colonnes de 77 lignes. La partie *logique* et *encyclopédique* paraîtra la première : elle pourra former un volume distinct, de même que la partie alphabétique. Le prix de l'ouvrage, pour les 1.000 premiers souscripteurs est fixé à **20 fr.** broché, non compris le port.

Les souscriptions sont reçues à la librairie Emmanuel Vitte, 3, place Bellecour, à Lyon. — Elles ne sont payables qu'à la livraison de l'ouvrage complet.

LA
SUGGESTION HYPNOTIQUE

EST-ELLE LICITE OU ILLICITE, NATURELLE OU DIABOLIQUE ?

CONFÉRENCE

Du 14 janvier 1898, aux Facultés catholiques de Lyon

Par l'abbé Elie BLANC

chanoine honoraire de Valence
docteur en théologie, professeur de philosophie scolastique
à la Faculté de théologie.

LYON	PARIS
E. VITTE, Libraire	CH. AMAT, Libraire
3, place Bellecour	21, rue Cassette

1898

IMPRIMATUR

Lugduni, die 31 januarii 1898.

A. BONARDET,
vic. gen.

LA
SUGGESTION HYPNOTIQUE

EST-ELLE LICITE OU ILLICITE, NATURELLE OU DIABOLIQUE?

CONFÉRENCE

du 14 janvier 1898 aux Facultés catholiques de Lyon

Sommaire.— La question de l'hypnotisme depuis onze ans. — Il n'a point le caractère des découvertes scientifiques. — Deux opinions principales sur l'hypnotisme : les uns pensent qu'il y a un hypnotisme scientifique et bienfaisant ; les autres le nient. — Raisons de cette seconde opinion.

I. L'hypnotisme considéré dans ses phénomènes propres ou spécifiques, en particulier la suggestion, est intrinsèquement mauvais, sans raison excusante. — Trois faits de suggestion racontés d'après le P. Coconnier, auteur de l'*Hypnotisme franc*. — La suggestion hypnotique et la servitude, le sommeil, l'ivresse.— Il n'est jamais permis d'aliéner ses facultés intimes.

II. Caractère suspect de la suggestion : le véritable possesseur de l'hypnotisé ne paraît pas être l'hypnotiste. — Raisons qui paraissent les plus décisives : l'hypnotisme s'identifie au fond, avec l'occultisme et le spiritisme; il ne se divise pas. — La continuité de l'hypnotisme apparaît dans l'histoire et dans la pratique. — Tous les phénomènes hypnotiques sont-ils préternaturels ? La question est mal posée ainsi. Les forces naturelles sont partout, mais les esprits peuvent s'en servir : il faut être attentif surtout aux circonstances morales, pour juger de leur intervention. A en juger par les circonstances, la suggestion hypnotique est au moins suspecte.

III. Conséquences et applications de l'hypnotisme qui seraient légitimes si l'hypnotisme était scientifique et bienfaisant, mais devant lesquelles reculent le bon sens et la conscience des parents et des maîtres. — L'homéopathie morale, plus facile à justifier que la suggestion hypnotique.

Conclusion : S'abstenir de toute participation aux suggestions hypnotiques ; si l'on doit y assister, employer tous les moyens préventifs indiqués par l'Eglise.

Mesdames, Messieurs.

Il y a onze ans, j'avais l'honneur ici même de traiter la question de l'hypnotisme, au moment où ses partisans le proclamaient déjà scientifique et fondaient sur lui les plus hautes espérances. Depuis lors, il n'a guère cessé d'occuper fortement l'attention publique, s'il faut en juger par le nombre incroyable de volumes, d'articles de journaux et de revues qui lui ont été consacrés. On en formerait une immense bibliothèque : théologiens, publicistes, philosophes, à la suite des médecins, des physiologistes, ont pris tour à tour la parole ou la plume.

Or il ne paraît pas encore que cet effort prolongé de la science et de la critique ait produit une théorie plausible de l'hypnotisme, encore moins déterminé une pratique uniforme, reconnue universellement comme bienfaisante et acceptée de tous les hommes voués par état au progrès ou au soulagement de l'humanité.

Et cependant nous vivons à une époque de découvertes étonnantes, qui, après nous avoir stupéfiés un instant, ne tardent pas à entrer dans les habitudes de notre vie, parce que la science et l'art les plient bien vite à notre usage. Ce qui était merveilleux hier, devient aujourd'hui un phénomène vulgaire, que le premier praticien venu reproduit invariablement. Ainsi en est-il des rayons Rœntgen : à peine annoncés, ces rayons magiques ont amusé la curiosité et rendu mille services. Ainsi en est-il du téléphone, du phonographe, de la photographie instantanée, du cinématographe et de cent autres découvertes, qui nous appartiennent désormais, malgré le mystère qui confine à toutes nos connaissances. Nos inventeurs nous instruisent, après nous avoir émerveillés ; ils nous livrent leurs procédés, leur méthode, et se forment des disciples. Ainsi Pasteur, après avoir pénétré d'un regard de génie le monde des infiniment petits, et découvert lui-même le remède de la rage et de plusieurs autres maladies contagieuses, a laissé des héritiers de son savoir, qui ont continué ou appliqué ses découvertes. De là les pansements antiseptiques, qui ont doublé le pouvoir de la chirurgie. De là, le traitement de la diphtérie suivant la méthode pasteurienne : la sérothérapie date à peine de quelques années et compte désormais parmi les ressources précieuses de la thérapeutique.

Rien de tel pour l'hypnotisme. Depuis son apparition bruyante dans certaines cliniques célèbres, il y a déjà une quinzaine d'années, il n'est point parvenu encore à se faire reconnaître et classer comme une science ou un art déterminé. Le patronage et la longue pratique des savants qui l'ont cultivé, n'y ont pas suffi. Cette impuissance à se traduire en théorie et en règles pratiques uniformes, est encore plus inquiétante, si l'on songe que le nom seul de l'hypnotisme est de date récente : son origine véritable remonte à celle du magnétisme et même de l'occultisme, dont il n'est point parvenu encore, quoi qu'on en dise, à se dégager suffisamment.

Aujourd'hui, en effet, comme il y a dix ans, les critiques sont partagés en deux camps principaux, car je néglige les opinions extrêmes ou secondaires.

Les premiers estiment qu'au-dessus de l'hypnotisme plus ou moins mystificateur et malfaisant des hypnotistes de théâtre et de salon, il y en a un autre, celui des cliniques, auquel sont attachés les noms des Charcot, des Bernheim, des Liébeault, etc. Autant le premier a été justement prohibé par des gouvernements et des municipalités, à la suite de graves et nombreux accidents, autant le second mériterait le respect et la reconnaissance publique.

Les seconds estiment, au contraire, que l'hypnotisme des cliniques, dit *franc* ou scientifique, ne diffère pas essentiellement de l'autre, malgré de meilleures apparences, et doit être réprouvé. En effet — et je tente ici de résumer les raisons les plus fortes — si l'on considère l'hypnotisme dans ses effets propres ou spécifiques, qui sont les suggestions, en particulier les suggestions invincibles et à longue échéance, il est : 1° intrinsèquement mauvais et sans raison excusante. — 2° Sa cause vraie, loin d'être certainement naturelle, est équivoque et suspecte, à tout le moins, surtout si l'on considère que les phénomènes les plus simples de l'hypnotisme se relient insensiblement aux plus extraordinaires, qui sont certainement surhumains. — 3° Enfin, si l'hypnotisme était vraiment scientifique, il entraînerait avec lui non seulement des pratiques absurdes, mais encore la ruine des principes de la morale et de l'éducation. On peut ajouter qu'il ouvrirait la porte à toute sorte d'espérances chimériques et même superstitieuses.

Je n'ai pas à dissimuler que telle est mon opinion, au risque de passer pour un théologien suranné, un philosophe du moyen âge ; et j'entre aussitôt dans le détail des raisons qui me paraissent l'établir.

I

Et d'abord l'hypnotisme considéré dans ses phénomènes propres ou spécifiques, paraît intrinsèquement mauvais. Ces phénomènes, en effet, se ramènent, de l'aveu de tous, à la suggestion, en vertu de laquelle le sujet hypnotisé appartient corps et âme à l'opérateur, qui peut lui commander d'aller et de venir, disposer de ses facultés intimes, le livrer selon son gré à la douleur, au plaisir, à la tristesse, à la joie, produire en lui une sensibilité extrême, ou bien, au contraire, l'anesthésie et même la paralysie, limiter arbitrairement le champ de son attention, de son imagination, de sa mémoire, etc.

Il y a plus : l'hypnotiste peut suggérer à longue échéance, c'est-à-dire commander à son sujet d'accomplir telle ou telle action, huit jours après ou bien plus tard encore. Le sujet oubliera l'injonction à son réveil, mais, lorsque le moment de l'accomplir sera venu, on le verra soudain comme ressaisi par l'idée de l'ordre qu'il aura reçu, et il l'exécutera alors de point en point, automatiquement.

Je sais bien que plusieurs estiment que l'hypnotisé n'obéit pas fatalement, mais seulement si la suggestion ne répugne pas trop à son caractère et à ses habitudes. Plusieurs estiment aussi que pour être endormi et recevoir une suggestion il faut y consentir.

Il est certain que le consentement facilite beaucoup l'opération ; mais il ne paraît point que le consentement soit toujours nécessaire. Quoi qu'il en soit, abstraction faite de certaines opinions particulières et laissant de côté maintenant tous les faits accidentels, toutes les expériences exceptionnelles, il est incontestable que, dans bien des cas, l'hypnotisé appartient complètement à l'opérateur, c'est-à-dire qu'il accomplit infailliblement ce qui lui répugne le plus, comme de voler, de tuer, de confesser publiquement ses fautes. Ceux qui se tiennent au courant des faits et gestes de l'hypnotisme n'y contrediront pas.

D'ailleurs voici deux faits assez instructifs en cette matière. Ils sont empruntés au Père Coconnier, qui en a été le témoin et qui professe cependant une opinion contraire à la nôtre. Nous ne saurions donc invoquer de meilleur témoignage.

« C'était encore à l'hôpital de Nancy, non dans une salle de malades, mais dans le cabinet du docteur Bernheim, où il avait voulu me présenter plusieurs sujets intéressants. Parmi eux se retrouvait notre alcoolique de tantôt. Etaient aussi présents plusieurs docteurs en médecine, et quelques internes.

« Après avoir endormi, à la file, sept ou huit hommes, et donné à chacun la suggestion qui lui convenait, il nous dit, en dési-

gnant le vieil ouvrier de faubourg : « Tenez,
« celui-ci va sortir un instant dans le corri-
« dor : après deux minutes il rentrera, et ne
« me verra plus, il ne pourra plus me voir. »
L'homme sort, et rentre presque aussitôt
après. M. Bernheim se place droit en face de
lui, et lui dit : « Eh ! bien, vous me voyez, sans
« doute ; je suis toujours ici. » Pas de réponse :
les yeux du sujet sont fixés sur M. Bernheim,
mais ce sont des yeux qui ne voient pas. Nous
lui disons : « Mais, vous voyez bien M. Bern-
« heim, il vous touche presque. — M. Bern-
« heim! mais il n'est pas ici ; je ne peux pas
« voir M. Bernheim. » Celui-ci le prenant par
les épaules, le secoue fortement, et lui crie dans
« l'oreille : « Vous voyez bien que j'y suis : je
« ne suis pas si difficile à apercevoir : sûre-
« ment, vous me voyez. » Pas un mot : pas le
moindre jeu de physionomie indiquant qu'il
voit ou entend le docteur.

« A ce moment, M. Bernheim prend une
grande épingle, et lui crible les deux mains de
piqûres. Il se laisse faire, avec une impassibi-
lité absolue, ne retirant pas les mains, ne mar-

quant pas le moindre mouvement, ni une douleur, ni une impression quelconque. M. Bernheim n'existe vraiment pas pour lui. Voulant pousser la démonstration jusqu'au bout, le hardi opérateur lui pique les lèvres, les joues, introduit l'épingle dans les narines, sous les ongles. Rien. Prenant alors la paupière de l'œil gauche entre le pouce et l'index, il la retourne : puis, sur la muqueuse oculaire ainsi mise à découvert, il appuie la pointe de l'épingle. Pas le plus petit frisson.

« A ce moment, je vois perler le sang sur ses mains, aux endroits des piqûres ; je lui dis : « Regardez donc comme vos mains sai-
« gnent. — C'est vrai, répond-il. Hein, je
« n'ai pourtant pas déjà tant de sang à perdre.
« Je ne sais pas d'où ça vient. — Mais c'est
« M. Bernheim qui vous a fait tout cela. » Il me regarda d'un air ébahi, ne comprenant pas ce que je voulais lui dire. »

Voici maintenant le second fait constaté par le même témoin :

« Un matin que M. Bernheim visitait ses malades de l'hôpital Saint-Charles, à Nancy,

et qu'il semblait prendre plaisir à nous émerveiller par ses suggestions, dont plusieurs nous valaient de vrais petits coups de théâtre, je le vis porter son regard, scrutateur et troublant, sur un grand jeune homme d'une vingtaine d'années, qui jusque-là causait tranquillement au fond de la salle avec un groupe de convalescents comme lui. « Où étiez-vous
« hier? lui dit vivement le docteur. — Je suis
« sorti après le déjeuner. — Où êtes-vous allé?
« — Chez ma mère, dans le faubourg. —
« Qu'avez-vous fait en revenant?— Rien. —
« Vous n'avez rien fait? — Non. — Et cette
« dispute? — Je n'ai pas eu de dispute. —
« Ah! hier, à deux heures, vous ne vous êtes
« pas querellé?... là-bas... derrière l'hôtel
« de ville?... Et un agent de police n'est pas
« venu... qui vous aurait emmené en prison
« lorsque ce religieux (il me désignait) est
« intervenu et a plaidé en votre faveur?
« (M. Bernheim me disait alors tout bas :
« Je lui fournis ces détails pour lui permettre
« de bâtir plus facilement l'histoire que je
« veux qu'il nous conte. ») — Je vous assure,

« Monsieur, qu'il n'y a rien eu de tout cela.
« Je suis revenu tranquillement de chez ma
« mère, sans rien dire à personne... — Il ne
« se souvient plus, dit alors aux assistants
« M. Bernheim, mais vous allez voir, la mé-
« moire lui reviendra tout à l'heure. Tenez,
« j'aperçois déjà qu'il se rappelle un peu...
« Mais oui, c'était à deux heures, derrière
« l'hôtel de ville. — Cela me surprend...
« mais, je croyais n'avoir rien eu avec per-
« sonne... — Vous vous souvenez bien, main-
« tenant... l'agent de police... le religieux...
« Allons, racontez-nous comment les choses
« se sont passées... Je veux tout savoir... Il
« va tout nous dire. — Eh bien ! voilà, dit
« alors le jeune homme, *dont le regard avait*
« *pris une expression de vague étrange propre*
« *aux somnambules...* Je m'en revenais de
« chez ma mère... deux hommes passent près
« de moi... l'un qui me monte sur le pied...
« Et comme j'ai perdu un orteil, cela me fait
« beaucoup souffrir, et je me fâche... je donne
« des coups... il vient deux agents, qui veu-
« lent m'emmener au poste, derrière l'hôtel

« de ville... Ce monsieur (il me désigne) parle
« pour moi... et ils me laissent tranquille...
« — C'est bien là ce qui est arrivé? — Oui,
« Monsieur. — Vous mentez. — Non, Mon-
« sieur. — C'est une histoire inventée. —
« Non, Monsieur. — C'est moi qui vous ai
« fait accroire tout cela. — Non, Monsieur,
« je suis bien sûr de ce que je dis. — Vous
« êtes sûr que c'est arrivé? — Oui, Monsieur,
« j'en suis sûr. — Vous en jureriez? — Oui,
« Monsieur. — Jurez... Il lève la main avec
« résolution, et la tient indéfiniment haut
« levée »

« Après cela, continue le P. Coconnier, il ne nous reste plus évidemment qu'à dire : si l'hypnotisé n'est pas totalement asservi et subjugué par celui qui l'endort, c'est que sa liberté demeure encore et lutte ; sa volonté est le dernier refuge de son indépendance. Hélas ! ce refuge offre bien peu de sécurité et de garanties. Braid écrivait : « L'hypnotisé est
« sous mon bon plaisir, comme l'instrument
« de musique est sous la main de l'artiste
« qui lui fait jouer tous les airs qu'il lui

plaît (1). » C'est exact. *L'hypnotisé arrive à n'avoir plus d'autre volonté que celle de l'expérimentateur.* »

Le troisième fait que nous allons raconter est l'un des plus curieux et des plus célèbres dans les annales de l'hypnotisme : il s'agit d'une suggestion à longue échéance. Il va sans dire que ces hauts faits de l'hypnotisme requièrent des sujets particulièrement aptes et entraînés, si l'on nous permet cette expression. Nous citons encore l'auteur de *l'Hypnotisme franc*.

MM. Bernheim et Beaunis avaient déjà donné des suggestions à soixante-trois, cent, cent soixante-douze jours de date, qui avaient parfaitement réussi. Mais le 12 octobre 1885, à dix heures dix minutes du matin, M. Liégeois intime une suggestion à réaliser seulement le 12 octobre 1886, à la même heure, c'est-à-dire après trois cent soixante-cinq jours. Le sujet sur lequel opérait M. Liégeois était un jeune homme, excellent somnambule, qui se trouvait à la clinique de M. Liébeault. Voici du reste l'histoire authentique du phénomène, telle que je la trouve racontée dans le livre de M. Beaunis sur *le Somnambulisme provoqué* (2).

(1) *Neurypnologie*.
(2) P. 236 et suiv.

Après avoir endormi le jeune Paul M..., l'expérimentateur lui dit :

« Dans un an, à pareil jour, voici ce que vous aurez l'idée de faire. Vous viendrez chez M. Liébeault dans la matinée. Vous direz que vos yeux ont été si bien depuis un an que vous devez le remercier, lui et M. Liégeois. Vous exprimerez votre gratitude à l'un et à l'autre et vous leur demanderez la permission de les embrasser, ce qu'ils vous accorderont volontiers. Cela fait, vous verrez entrer dans le cabinet du docteur un chien et un singe savants, l'un portant l'autre. Ils se mettront à faire mille gambades et mille grimaces, et cela vous amusera beaucoup. Cinq minutes plus tard vous verrez arriver un bohémien suivi d'un ours apprivoisé. Cet homme sera heureux de retrouver son chien et son singe qu'il craignait d'avoir perdus ; et pour amuser la société, il fera aussi danser son ours, un ours gris d'Amérique, de grande taille, mais très doux et qui ne vous fera pas peur. Quand il sera sur le point de partir, vous prierez M. Liégeois de vous donner dix centimes comme aumône au chien qui quêtera, et vous les lui remettrez vous-même. »

Comme on le voit, pour une suggestion à échéance aussi longue, celle-ci était passablement compliquée. Une lettre de M. Liébeault apprit aux journaux quel en avait été le résultat. — Il n'est pas besoin de dire qu'un secret absolu avait été gardé par l'expérimentateur, et que personne n'avait rien dit au somnambule qui pût lui faire soupçonner ce qu'on attendait de lui.

Le 12 octobre 1886, avant neuf heures, M. Liégeois était chez M. Liébeault. A neuf heures et demie, n'ayant rien vu venir, il croit l'expérience manquée et retourne chez lui.

Mais, à dix heures dix minutes, arrive le jeune Paul : il adresse à M. Liébeault les remerciements qui lui ont été suggérés un an auparavant et dont l'idée, latente pendant 365 jours, vient de lui venir à l'heure prescrite : il s'est mieux souvenu de cette heure, lui qui n'y a jamais pensé, que M. Liégeois, qui l'a si longtemps attendue.

Ayant remercié M. Liébeault, il s'informe de M. Liégeois : ne va-t-il pas venir ?

Celui-ci, averti par exprès, arrivait. A sa vue, Paul se lève, il veut lui exprimer les mêmes sentiments de gratitude témoignés tout à l'heure au maître du logis. Puis l'hallucination jusque-là retardée par l'absence de son auteur se produit dans l'ordre prescrit. Sont présents, outre les deux savants précités : MM. Sch..., ingénieur civil à Nancy ; Deg..., ingénieur civil à Paris ; Des..., chef de bataillon d'infanterie de marine en retraite, et quinze à vingt autres personnes, tant malades que curieux.

L'halluciné voit entrer un singe et un chien savants. Ces animaux se livrent à leurs exercices ordinaires. Il s'en amuse beaucoup. Les exercices terminés, il voit le chien tenant une sébille dans la bouche s'avancer vers lui. Il emprunte dix centimes à M. Liégeois et fait le geste de les donner à l'animal. Enfin, survient un bohémien qui emmène le singe et le chien. Quant à l'ours, il ne parut pas. Autre incorrection : Paul ne songea à embrasser personne. A part ces deux manquements, la suggestion s'est réalisée.

L'expérience était terminée. Le jeune homme se plaignait d'un peu d'énervement. Pour le remettre en son assiette, M. Liégeois l'endormit du sommeil somnambulique, et profita de la circonstance pour demander quelques éclaircissements sur ce qui venait de se passer :

« Pourquoi donc avez-vous vu tout à l'heure ce singe et ce chien ? — Parce que vous m'en avez donné la suggestion le 12 octobre 1885. — Ne vous êtes-vous pas trompé d'heure ? Je croyais vous avoir indiqué neuf heures du matin. — Non, Monsieur, c'est vous qui faites erreur : vous m'avez endormi, non sur le banc où je suis assis en ce moment, mais sur celui qui est en face ; puis vous m'avez fait aller avec vous dans le jardin et m'avez dit de revenir dans un an à pareille heure ; or, il était alors dix heures dix minutes, et je suis arrivé juste à dix heures dix minutes. — Mais pourquoi n'avez-vous vu aucun ours et n'avez-vous embrassé ni M. Liébeault ni moi ? — Parce que vous ne m'avez dit cela qu'une fois, tandis que le reste de la suggestion a été dit deux fois. »

Tous les assistants sont frappés de la netteté et de la précision de ces réponses, et M. Liégeois déclare que les souvenirs du sujet lui paraissent plus exacts que les siens.

Réveillé après dix ou quinze minutes, Paul M... tout à fait calmé, n'a aucun souvenir, ni bien entendu de ce qu'il vient de dire pendant ce court sommeil, ni de ce que, en conséquence de la suggestion du 12 octobre 1885, il a fait avant de s'endormir.

Il serait vraiment trop facile de multiplier les exemples et d'en citer de plus curieux encore, sinon de plus authentiques ; mais nous devons nous borner aux faits nécessaires pour établir nos raisonnements. Rappelons seulement que les hypnotistes ne se sont pas bornés à des expériences de clinique (on pourra même trouver qu'ils en ont trop abusé), mais qu'ils ont appliqué la suggestion hypnotique à la guérison des maladies nerveuses et à la réforme morale de sujets vicieux. C'est par exemple une jeune femme tourmentée par l'idée de suicide, et qui est guérie radicalement grâce aux suggestions persévérantes de MM. Liébeault et Liégeois. Ce sont des alcooliques arrachés par le même procédé à leur funeste passion. Ce sont des jeunes gens victimes de vices précoces, rendus à la probité et aux bonnes mœurs. De là le chapitre déjà long, paraît-il, et toujours ouvert des bienfaits de l'hypnotisme, auquel s'oppose le chapitre bien plus long et non moins authentique des méfaits, et, il faut bien le dire, des crimes. Il est vrai que les partisans de l'hypnotisme dit scientifique se déchargent de toutes les accusations sur les charlatans de la profession, et espèrent la justifier ainsi de toute immoralité.

Voyons donc ce qu'il faut penser de cette innocence, et considérons d'abord l'hypnotisme non pas dans ses effets particuliers et si souvent problématiques, mais en lui-même.

Qu'importe, en effet, qu'on puisse se réjouir de certains résultats de l'hypnotisme, s'il est immoral absolument! Est-ce que les fruits du mensonge sont toujours amers? Il a pu sauver la vie, la fortune, la réputation. C'est à un mensonge que la Prusse doit sa grandeur. Au soir de la capitulation de Sedan, le mensonge de la dépêche d'Ems dut paraître bien doux à Bismark et à ses complices. Ce mensonge n'en sera pas moins odieux éternellement; et la parole du catéchisme reste vraie : « Il n'est pas permis de mentir même pour sauver la vie à quelqu'un. »

La première question qui se pose est donc celle-ci : La suggestion hypnotique offre-t-elle un caractère essentiel d'immoralité? L'affirmative nous paraît certaine, quand nous observons que, dans la suggestion, l'homme est livré corps et âme à la direction et à la domination d'autrui. Il y a, dans cette aliénation de la personne, un désordre absolu, plus grave que la servitude, plus grave que l'ivresse et moins excusable que le mensonge. Dans la servitude, en effet, même la plus tyrannique, l'esclave garde l'usage de ses facultés intimes; et dans la servitude mitigée, celle qu'a pu tolérer la loi de l'Evangile, l'esclave n'aliène que son travail et ne laisse pas d'être une personne maîtresse de ses actes et possédant les droits essentiels de l'humanité. Au lieu que, dans la suggestion hypnotique, le sujet ne peut exercer aucun acte indépendant ni au dehors ni au dedans : sa mémoire n'est plus à lui, son imagination n'est plus à lui, ses désirs, ses volontés, tous ses sentiments sont à la discrétion d'autrui. Or cela paraît contraire à la dignité inviolable de l'homme et à la volonté absolue du Créateur qui, en nous tirant du néant, nous a remis aux mains de notre propre conseil : *Reliquit illum in manu consilii sui* (*Eccli*, xv, 14). Aucun homme ne doit être ainsi subordonné à un autre quant à l'âme même, qui n'appartient qu'à Dieu et ne doit relever que de lui; et il ne saurait être permis à personne d'usurper cet empire sur une âme ou d'aliéner la sienne, en devenant, ne fût-ce que momentanément, la chose d'autrui.

On nous objecte que ce désordre n'est point si grave, puisque, dans le sommeil naturel, l'homme perd tout empire sur lui-même; le cerveau du rêveur, comme celui de l'hypnotisé, s'en va pour ainsi dire à la dérive. Je réponds que, dans le sommeil naturel, l'homme perd l'empire sur ses facultés sans les aliéner entre les mains de personne; il retombe alors sous les lois de la nature physique et partant, si le sommeil est pris d'ailleurs dans des conditions raisonnables, sous les lois d'une Providence particulièrement miséricordieuse. On voit aussitôt la différence. Tous les jours et à tout instant nous dépendons des lois physiques, du climat, des saisons, de ces mille événements que nous appelons des hasards; nous dépendons surtout de notre tempérament, qui nous prédispose à une foule de maladies et assujettit de quelque manière toute notre activité. Nous ne laissons pas cependant d'être maîtres de nos actes; et personne ne se regarde comme tyrannisé. Il en irait tout autrement si, au lieu d'être à la merci des lois de la nature, on était à la merci d'un homme, même du meilleur des hommes. « Nécessité qui vient des choses nous soumet, a dit un penseur, nécessité qui vient des hommes nous révolte. » Faut-il ne voir là qu'un mouvement d'orgueil, qui n'est que trop dans la nature? Il faut y voir aussi un sentiment de justice et de légitime indépendance.

Je sais bien qu'on nous réplique que l'hypnotisé accepte souvent cette dépendance absolue et momentanée vis-à-vis de celui qui l'hypnotise, et que dès lors il ne subit aucune injustice. Mais il s'agit précisément de savoir si l'hypnotisé a le droit de se livrer de la sorte; et la différence que nous avons observée entre la suggestion hypnotique et le sommeil naturel, montre bien qu'on ne peut conclure de la licéité de l'un à la licéité de l'autre.

Nous pouvons opposer la même distinction à ceux qui pensent que la suggestion hypnotique peut bénéficier des mêmes excuses que l'ivresse. On sait que les moralistes permettent d'absorber une certaine quantité d'alcool pour résister à telles ou telles maladies, au risque de perdre par l'ivresse l'empire sur ses facultés. Pourquoi donc, en vue d'une guérison à obtenir ne pourrait-on pas de même subir la suggestion hypnotique? Je répondrai toujours qu'il y a une différence essentielle entre perdre une chose et l'aliéner, ne plus s'appartenir et appartenir à autrui. De plus, on peut faire observer, dans le cas précité, que l'ivresse n'est qu'un effet accessoire et nullement cherché d'une action bonne en elle-même; tandis que pour obtenir la guérison que laisse espérer un hypnotiste, il faut préalablement se livrer à lui, c'est-à-dire faire le mal d'abord pour obtenir un bien ensuite. Toutes les fautes, hélas! et tous les crimes ont cette excuse.

Il me paraît donc qu'il y a un désordre sans excuse dans la suggestion hypnotique. Dieu a remis chacun de nous à son propre conseil, et nous devons garder absolument cette indépendance intime, de même que nous ne devons jamais entreprendre sur celle d'autrui.

Alors même que nous sommes liés par état ou par des vœux proprement dits à certains devoirs, qui peuvent embrasser l'âme tout entière, nous gardons pleinement et même plus parfaitement encore cet empire sur nos facultés, et, à chaque instant, pour ainsi dire, nous donnons librement ce que nous avons voué ou promis ou ce que nous devons pour d'autres motifs. Dieu lui-même respecte infiniment cette liberté intime, et si parfois sa grâce fait éprouver une sainte violence, comme dans les extases des saints ou la conversion d'un saint Paul, ce sont là des exceptions. Or ce que Dieu ne fait pas, comment la créature aurait-elle le droit de le faire ou de le tenter?

II

Toutefois, je ne dissimule pas que ces raisons, si fortes qu'elles me paraissent, ne convaincront pas les contradicteurs. Aussi vais-je poursuivre cette démonstration par une autre voie. Je dis d'abord : non seulement personne n'a le droit de s'emparer des facultés intimes d'autrui, dans la suggestion hypnotique, mais encore personne ne paraît avoir *naturellement* cette faculté ; en sorte que, si de fait nous voyons des hypnotistes disposer de leurs sujets en maîtres absolus, il y a tout lieu de craindre l'intervention d'une cause surhumaine.

A-t-on remarqué assez, en effet, le pouvoir absolu, pour ainsi dire, que les hypnotistes exercent sur leurs sujets dans certaines suggestions ? C'est une véritable possession. Charcot lui-même, dans une tout autre intention que la nôtre, s'était plu à montrer les ressemblances frappantes entre les possédés d'autrefois, dont les traits ont été fixés par les peintres contemporains, et les sujets les plus remarquables de la Salpêtrière. Il peut donc sembler que le véritable possesseur de l'hypnotisé (je parle surtout des cas les plus extraordinaires), n'est pas l'hypnotiste, mais quelque autre agent. Ce n'est pas l'hypnotiste. Car il ne connaît pas assez le mécanisme si mystérieux du cerveau pour en jouer avec cette virtuosité; il ne connaît pas le siège exact des diverses facultés, ni surtout les conditions de leur exercice. Le sût-il, qu'il ne pourrait agir efficacement par de simples paroles. Comment! voilà un sujet qui, dans l'état normal, ne relève que de lui-même et de son libre arbitre; vous pouvez réussir à le persuader et à le convaincre, et cela est fort naturel, mais vous n'avez aucun empire direct ni surtout aucun empire despotique sur lui. Et parce que vous l'avez plongé dans je ne sais quel sommeil — on dit même que le sommeil n'est pas nécessaire — parce que vous l'avez plongé dans cet *état second* que vous ne savez pas même définir et que vous provoquez sans bien savoir comment, il vous appartient corps et âme, il souffre, il jouit, il sent vivement ou ne sent point du tout, oublie complètement ou se souvient à merveille, ne voit ou n'entend que vous, ou bien, au contraire, ne vous connaît pas plus que si vous n'existiez pas : bref, vous disposez de lui mieux que de vous-même et de vos propres facultés !... Il me semble qu'ici vous n'êtes plus l'agent principal du phénomène, mais le simple instrument d'un esprit qui se joue à la fois de votre sujet et de vous-même.

Nos contradicteurs, je le sais, ne partagent pas ces craintes ou du moins ils se rassurent. Mais ne voyez-vous donc pas, me diront-ils, que l'hypnotiste ne fait qu'employer habilement les ressources de la nature? Quelle n'est pas la force de l'imagination, surtout chez les névrosés et les rêveurs! Or l'hypnotiste dispose de l'imagination d'un rêveur endormi d'un sommeil nerveux : il suggère l'idée ou plutôt l'image qui, n'étant contrebalancée par aucune autre, absorbe toute l'attention, comme le ferait une idée fixe, et se réalise invinciblement ; c'est-à-dire que toutes les facultés sensibles obéissent à l'imagination, comme celle-ci à la parole de l'opérateur. Et parce que l'exercice des facultés sensibles conditionne l'exercice de la raison et des autres facultés supérieures — de l'aveu même des scolastiques, qui ont parfaitement démontré cette dépendance — il s'ensuit que l'hypnotiste paraît disposer de toute la personne et en dispose en effet. Mais son action ne s'exerce que par le dehors sur le dedans, par le cerveau sur l'âme. Tout cela est donc naturel, au fond ; si l'effet est merveilleux, rien n'est plus simple que la cause.

Mais, à mon tour, je ne suis pas convaincu davantage. Malgré moi ces raisons me rappellent le mot de Molière : Et voilà pourquoi votre fille est muette! Il est évident, en effet, que l'hypnotiste fait jouer les muscles, les nerfs, toutes les facultés de son sujet sans savoir comment. Il ressemble à celui qui se sert du télégraphe ou du téléphone sans avoir aucune notion de physique. L'ignorant qui parle au téléphone sait bien qu'il sera entendu à cent kilomètres de là ; mais en vertu de quelle force et de quelle loi ?... Il ne sait. Ainsi en est-il de l'hypnotiste, avec cette différence que celui-ci ne peut se renseigner auprès de gens plus instruits ni constater par lui-même la régularité scientifique des phénomènes. L'hypnotiste sait bien qu'en intimant à son sujet l'ordre d'accomplir immédiatement ou dans huit jours tel acte, cet ordre s'accomplira plus ou moins probablement. Mais la nature physique et psychologique du sujet comporte-t-elle ce résultat? Il le présume et n'a pas, en somme, d'autre preuve ni d'autre théorie que le fait. Il peut sembler, au contraire, que la nature humaine, telle qu'elle nous était connue jusqu'ici, n'est pas capable par elle-même de tels effets et qu'elle s'additionne d'une autre force. On a beau me dire que tout est naturel dans la suggestion à échéance, puisque l'ordre donné est inscrit dans le cerveau comme dans un phonographe, et qu'à l'heure marquée toute la scène suggérée se déroule automatiquement, ainsi que dans certaines horloges. Que le cerveau soit un phonographe, un chronomètre, ou plutôt un merveilleux mécanisme supérieur à tous ceux que nous avons inventés et que nous inventerons jamais, j'y consens, quoique je l'ignore. Mais ce que je sais, c'est que le cerveau est soumis naturellement aux facultés de l'individu, en particulier à la raison et au libre arbitre, et non pas à la volonté et aux caprices d'autrui. Comment donc se fait-il qu'un homme prenne sur le cerveau d'autrui cet empire despotique qu'il n'a pas sur le sien propre ? Non, quoique des théologiens et des philosophes se tiennent pour satisfaits, je ne reconnais point dans les phénomènes de la suggestion les lois à nous connues de la nature humaine ; je soupçonne plutôt l'influence d'une nature occulte et supérieure, qui se sert de facultés qui sont naturelles, il est vrai, mais pour une œuvre qui ne l'est point.

D'ailleurs cette nature va peut-être se dénoncer elle-même. Ici nous touchons aux preuves qui paraissent les plus décisives. L'hypnotisme est un peu comme les animaux à métamorphoses, qui changent merveilleusement, mais sans perdre leur identité. Les entomologistes ne jugent pas les insectes en ne considérant que leurs formes inférieures, mais ils les suivent depuis l'état de larve jusqu'à celui d'insecte parfait. Ce dernier état fournit seul tous les caractères distinctifs de l'espèce : il explique tout ce qui a précédé. Ainsi en est-il de l'hypnotisme. Il faut le suivre depuis les phénomènes les plus simples, les plus naturels en eux-mêmes, comme le sommeil et le somnambulisme naturels, jusqu'à la suggestion, soit immédiate, soit à longue échéance ; soit verbale, soit mentale ; jusqu'à la lecture des pensées, avec contact ou sans contact ; jusqu'à la vision à distance, la télépathie, la télécinésie ; jusqu'aux phénomènes de bruits causés par des êtres invisibles, d'apparitions réelles et agissantes, etc., en un mot jusqu'à l'occultisme et au spiritisme.

Mais ceux qui défendent, parmi nous, la cause de l'hypnotisme protestent contre cette identification. Il y a, disent-ils, un hypnotisme franc ou scientifique qui ne s'étend à aucun fait préternaturel, tel que suggestion purement mentale, vision et action à distance. De même qu'il n'est pas permis de confondre la chimie avec l'alchimie, l'astronomie avec l'astrologie, de même on ne doit pas confondre cet hypnotisme avec les autres, et nous demandons qu'on le juge séparément.

Or c'est ici précisément qu'ils me paraissent tomber dans une fâcheuse illusion. Non, dirai-je, l'hypnotisme ne se divise pas, et les hypnotistes, à qui vous avez accordé peut-être beaucoup trop de confiance, en vous laissant attirer sur leur terrain, n'ont pas le droit de le diviser. Il ne s'agit pas seulement des expériences des Charcot et des Bernheim, mais de celles de tous les hypnotistes, des Richet, des de Rochas, des Lombroso, des Ochorowicz, des Crookes, etc., et de ceux qui les ont précédés ou qui les imitent. Quand j'étudie une science, je l'étudie chez tous ses représentants et dans tous les faits qui ressortissent à cette science. Libre à vous d'analyser les expériences et les théories d'une école en particulier, celle de Nancy par exemple, mais il faut éclairer et compléter votre critique par des comparaisons avec toutes les écoles présentes ou passées.

Ensuite il ne sert de rien de dire que l'hypnotisme franc et scientifique est à l'hypnotisme superstitieux ce que la chimie est à l'alchimie, l'astronomie à l'astrologie. Ces fausses sciences, en effet, ont disparu devant la vraie, tandis que l'hypnotisme superstitieux, loin de disparaître devant l'hypnotisme prétendu scientifique, s'en fortifie au contraire : il est en pleine floraison et nous le voyons cultivé par de nouveaux Paraelses et de nouveaux Cardans, dont les titres scientifiques égalent ceux des Charcot et des Bernheim. Ces deux hypnotismes ont donc également droit à notre attention, et nous ne devons pas juger l'un sans l'autre. Je dis même que si l'un des deux est encore dans l'enfance, c'est certainement l'hypnotisme prétendu scientifique, qui se borne à produire les phénomènes les moins extraordinaires, alors que l'autre a pris hardiment son essor et peut invoquer à l'appui de théories plus précises des faits parfaitement constatés.

Nous affirmons donc la continuité ou l'unité essentielle de l'hypnotisme : les phénomènes hypnotiques sur lesquels nous devons nous prononcer, forment une seule et même série parfaitement liée, où toute division absolue serait arbitraire.

Il est facile de montrer cette continuité dans l'*histoire* et dans la *pratique*. Elle existe dans l'histoire; car, bien avant que M. Charcot eût introduit et accrédité l'hypnotisme dans le monde scientifique, il avait été pratiqué par M. Liébeault, à Nancy; il avait été exposé dans plusieurs ouvrages par M. Durand de Gros. Et ces hypnotistes n'étaient eux-mêmes, avec plusieurs autres, que les continuateurs plus ou moins habiles des Puységur, des Faria, des du Potet, en France; des Grimes, en Amérique; des Braid, en Angleterre. Tout ce que les hypnotistes ont tenté de nos jours pour la guérison des vices, des manies, etc., avait été entrepris déjà; toutes leurs espérances en pédagogie avaient été conçues par leurs devanciers. Entendez par exemple du Potet, qui écrivait dans sa *Magie dévoilée* ou *Principes de science occulte :* « Agir sur une âme; faire mouvoir le corps d'autrui, l'agiter comme le fait l'aquilon du faible roseau; pénétrer dans un cerveau humain et en faire jaillir les pensées cachées; déterminer un tel mouvement dans les organes les plus profonds que tout ce qui s'y est accumulé d'images apparaisse à la vue de l'esprit; rendre sensible ce travail, le montrer, n'est plus qu'un jeu pour nous, et *ce n'est* aussi *que le commencement des œuvres magiques!* Nous savons mettre en fusion le métal humain et le pétrir à notre guise; nous savons en extraire l'or et les métaux les plus précieux. Nous employons ici ces figures, car nous manquons de mots pour peindre les choses morales (1). »

Or, n'est-ce pas là tout le programme que s'efforcent de réaliser aujourd'hui les hypnotistes, en appliquant leur art à la guérison des maladies physiques et des maladies morales? La psychiatrie n'a donc de nouveau que le nom. Il est facile ensuite de rattacher les personnages que nons avons cités aux magnétiseurs du xviiie siècle et à cette longue série d'illuminés, de faux mystiques, de philosophes et de savants, tour à tour incrédules et superstitieux, qui se rencontrent à toutes les époques de l'histoire philosophique et

---

(1) Préface, iv, v. L'ouvrage est daté du 15 août 1852.

religieuse. La continuité historique de l'hypnotisme paraît donc certaine.

Cette continuité est peut-être plus évidente encore dans la pratique et dans les faits. Tout s'enchaîne, en effet, dans l'hypnotisme, depuis les phénomènes les plus simples jusqu'aux plus extraordinaires. Un hypnotiste, par exemple, profite du sommeil naturel d'une personne pour entrer en communication avec elle et lui suggérer doucement d'abord, impérieusement ensuite toutes les idées qu'il lui plaît : qui oserait affirmer là une intervention diabolique ? N'y a-t-il pas un somnambulisme naturel ? Les rêves, les cauchemars ne rentrent-ils pas dans le même ordre de faits ? Une fois établi un rapport intime entre l'hypnotiste et son sujet, pourquoi celui-ci n'accomplirait-il pas tous les ordres de celui-là, même les suggestions à échéance ? Car il y a en nous des forces latentes et inconnaissables, des moi inconscients ou subconscients, subordonnés dans l'état de veille au moi principal, mais qui reprennent leur indépendance dans l'état second et mystérieux de l'hypnose. Ce n'est pas tout. Puisque le cerveau de l'hypnotiste et celui de l'hypnotisé vibrent si bien à l'unisson, pourquoi l'un ne lirait-il pas les pensées de l'autre, sans parole, sans geste, au moyen tout au plus d'un serrement de main? De là le cumberlandisme, qui a eu son moment de vogue et que des philosophes catholiques ont essayé d'expliquer par des causes toutes naturelles. Cumberland et ses imitateurs prenaient la main du sujet et connaissaient par là sa pensée, en interprétant les tressaillements involontaires des muscles, qui traduisent les impressions du cerveau.

A quoi bon d'ailleurs exiger une communication matérielle et grossière entre l'hypnotiste et l'hypnotisé, ou plutôt entre une personne et une autre que réunissent des sympathies mystérieuses? Si leurs cerveaux vibrent à l'unisson, pourquoi ne communiqueraient-ils pas ensemble à travers l'espace et les corps opaques? De là les phénomènes de télépathie et de vision à distance expliqués par des causes toutes naturelles.

Ce n'est pas tout encore. Il y a des actions à distance. Certains médiums, j'allais dire certains hypnotistes, font mouvoir par la seule pensée des objets, des tables ; ils font apparaître des fluides, des flammes, des fantômes que l'on a même photographiés, etc. Je fais la part aussi grande qu'il le faut aux mystifications de toute sorte, mais il reste nombre de faits authentiques ainsi que le constate après tant d'autres le P. Lescœur, de l'Oratoire, dans une étude récente. On ne peut les nier tous sans faire le jeu du scepticisme historique.

Or nos intrépides expérimentateurs ne désespèrent pas d'expliquer ces faits vraiment magiques par des causes naturelles. Connaissons-nous toute la subtilité de la matière ? Pourquoi des effluves de sensibilité et de mouvement ne permettraient-ils pas à certains sujets exceptionnels de sentir et d'agir à distance ? N'avons-nous pas une âme, force mystérieuse et séparable du corps, et ne peut-elle pas s'envelopper de fluides ou de forces encore mal connues, d'un *périsprit* en un mot? Eh bien, notre âme objectiverait ses forces psychiques, ou bien elle subsisterait encore quelque temps en ce monde après avoir quitté définitivement son corps. Ainsi on expliquerait tous ces phénomènes si longtemps niés par les savants, mais aujourd'hui constatés scientifiquement, tels que les apparitions des mourants à des parents ou à des amis éloignés, les maisons hantées, les revenants.

Vous protestez peut-être au nom de la philosophie chrétienne et scolastique : l'âme, dites-vous, est la forme substantielle du corps et ne peut agir naturellement sans ses organes; toute action à distance ou par la seule pensée est donc chimérique. L'âme ne peut changer de nature et devenir un pur esprit. Du moment qu'elle a quitté son corps, elle ne peut agir d'une manière naturelle, c'est-à-dire sans miracle. — Mais qui vous oblige, vous répondrai-je, à croire à la philosophie scolastique? Est-ce que la philosophie de Platon ne vaut pas celle d'Aristote? Qui vous dit que l'âme n'est pas un esprit momentanément enfermé dans un corps, mais qui, dans le sommeil ou chez certaines personnes mieux douées, peut reprendre ses facultés natives? Le poète n'a-t-il pas dit :

> L'homme est un dieu tombé qui se souvient des cieux.

Et si vous êtes évolutionniste, qui vous démontre que le genre humain n'est pas arrivé à un de ces moments décisifs où la nature, chez les sujets d'élite et avant-coureurs du progrès, revêt des facultés nouvelles et se trouve pourvue de dons supérieurs ? Ainsi en fut-il quand les premières lueurs de la raison, de la réflexion et de la science éclairèrent le berceau de l'humanité, qui se dégageait enfin des espèces inférieures. Ainsi en sera-t-il bientôt peut-être, lorsque l'humanité, après avoir conquis ce globe et réalisé tous les progrès matériels, confinera au monde des esprits.

— Sans doute tout cela est absurde et antichrétien, tout cela mène à la ruine du bon sens et de la morale. Mais ces absurdités, qui deviennent si facilement impies, n'en sont pas moins soutenues ou présentées comme probables par des savants et des philosophes, qui ne font d'ailleurs que rééditer de vieilles erreurs ; et je défie bien tous ceux qui nient les dogmes de la théologie et les thèses fondamentales de la philosophie scolastique de réfuter ces hypothèses. Je les rappelle uniquement pour montrer que tout s'enchaîne, tout fait corps dans les phénomènes de l'hypnotisme, du magnétisme et de l'occultisme.

Cette continuité s'affirme de bien des manières, ainsi que l'a remarqué M. Durand de Gros, cet initiateur de l'hypnotisme, dont les théories psychologiques s'harmoniseraient trop bien avec les rêveries du spiritisme (1). Si la physiologie peut rendre compte jusqu'à un certain point des phénomènes les plus simples, elle ne tarde pas ensuite à faire faillite à ses promesses d'explication. Voici par exemple une personne qui a ce don, naturel, dit-on, de s'abstraire de telle sorte qu'elle ignore ce qu'elle écrit. Pendant que sa main

(1) Voir *le Merveilleux scientifique*.

droite court sur le papier et trace des lignes correctes, ayant un sens, elle pense à tout autre chose et reste étrangère à ce qu'elle écrit, comme si sa main était celle d'autrui. Nos psycho-physiologistes se font un jeu d'expliquer ce phénomène, qui résulte, disent-ils, d'un dédoublement de personnalité, d'ailleurs bien connu et souvent expérimenté. Il y a en nous un inconscient, qui peut reprendre son indépendance et agir à notre insu. Fort bien et, avec M. Durand de Gros, j'accepte cette explication pour ce qu'elle vaut. Mais voici que la personne qui tient la plume inconsciemment et si bien, se met à écrire les plus secrètes pensées des assistants, elle annonce ce qui se passe au loin, ou bien elle écrit dans une langue inconnue à elle... Physiologistes incrédules, expliquez-nous donc ces phénomènes !...

Mais enfin, me dira-t-on, prétendez-vous que tous les phénomènes hypnotiques sont préternaturels en eux-mêmes ? — Je ne le prétends point, et la question d'ailleurs est mal posée ainsi. La nature est partout : il y a de la physique, de la mécanique, de l'automatisme, de la physiologie et surtout de la psychologie dans tous les phénomènes, depuis le simple sommeil nerveux jusqu'aux faits les plus extraordinaires. Mais il s'agit de savoir si, à côté des forces naturelles il n'y a pas, dans certains cas, des agents supérieurs qui s'en servent. Car enfin, les esprits mauvais ou les démons, avec lesquels il nous faut bien compter, en définitive, peuvent se servir des forces naturelles avec une habileté bien plus grande que la nôtre. Tels phénomènes peuvent donc être purement naturels dans certains cas, et surhumains dans certains autres : ainsi le songe, le somnambulisme, la léthargie et la catalepsie, une foule de maladies ou d'états nerveux, surtout s'ils surviennent sans cause apparente et disparaissent avec une extrême facilité, par exemple au simple commandement. Oui, sans doute, l'homme est sujet, hélas ! à une foule de maux, suite lointaine du péché originel, qui peuvent être purement naturels d'ailleurs : folies dangereuses ou manies ridicules, penchants mauvais et comme irrésistibles, impulsions homicides et monstrueuses, idée fixe de se détruire, etc. Mais, dans certains cas, ces désordres peuvent avoir pour cause principale un agent spirituel et mauvais, qui s'est emparé plus ou moins des facultés de l'homme, qu'il obsède ou possède. Qu'on lise, par exemple, à ce sujet, l'ouvrage récent du Dr Hélot : *Névroses et possessions diaboliques*, approuvé par le cardinal-archevêque de Rouen, sur le rapport favorable du professeur de théologie morale au grand séminaire de Rouen.

C'est devant ces phénomènes extraordinaires et équivoques qu'il faut être attentif à toutes les circonstances, aux circonstances morales surtout. Elles seules bien souvent nous permettent de savoir ou de conjecturer que les limites du naturel sont franchies.

Or c'est précisément après avoir étudié avec soin toutes les circonstances de la suggestion hypnotique, tous ses tenants et aboutissants, que l'on devra conclure que si elle n'est pas toujours diabolique elle est toujours suspecte. En vain nous objectera-t-on ici que l'on ne doit pas supposer dans les phénomènes hypnotiques d'autres forces que celles de la nature, jusqu'à preuve évidente du contraire, parce que *la nature possède*. — Je réponds que l'on ne doit pas présumer avec cette confiance que la nature seule agit dans ces phénomènes, puisqu'ils forment une série continue qui va se perdre dans le spiritisme ou l'occultisme. Donc ils sont tous gravement suspects à cause de ce voisinage et de ces affinités.

III

A toutes les preuves précédentes nous ajouterons enfin et brièvement celles qu'on peut tirer des conséquences ou des applications de l'hypnotisme dit franc ou scientifique. Il va donc sans dire qu'on ne se prévaudra pas ici des abus énormes et fréquents auxquels a donné lieu l'hypnotisme de théâtre ou de salon : l'argument serait trop facile et toucherait peu nos contradicteurs. Mais, si les applications d'ailleurs les plus légitimes de l'hypnotisme dit franc ou scientifique révoltent la raison et la conscience chrétienne, il faudra bien convenir qu'il est condamnable. En voici donc quelques-unes. S'il est vrai que l'art hypnotique entre les mains des Bernheim, des Liébeault, des Bérillon et autres opérateurs exercés, n'entraîne jamais d'accident grave; s'il est vrai, d'autre part, qu'il permet de guérir des vices, des passions, des manies qui résistent à tous les remèdes d'ordre moral, comme les exhortations, les bons exemples, les sacrements et la prière, pourquoi n'y pas recourir dans tous les cas désespérés et même dans tous les cas difficiles? L'emploi de la suggestion hypnotique est tout indiqué dans nombre de cas, de même que celui du sérum dans la diphtérie, de la quinine dans la fièvre. Quel est donc le père de famille, quel est l'éducateur qui aurait le courage d'en priver son enfant ou son pupille? Il y a déjà dix ans qu'un inspecteur d'académie, Félix Hément, d'origine israélite, proposait d'appliquer l'hypnotisme, dans les pénitenciers, à la réforme des jeunes sujets. Mais pourquoi se borner aux pénitenciers, si la suggestion hypnotique employée par un praticien constitue un remède souverain et inoffensif? D'ailleurs il se trouve des théologiens pour rassurer les consciences, qui peuvent ainsi s'appuyer sur ce que les casuistes appellent une probabilité objective.

Mais, malgré tout, et bien que l'incrédulité ou l'indifférence religieuse préside à la direction de beaucoup de maisons d'éducation et d'enseignement, je ne crois pas que la pratique de la suggestion hypnotique ait pu s'introduire ou du moins s'établir dans aucune. Il n'est pas douteux cependant qu'elle y fleurirait depuis longtemps, si elle était vraiment scientifique et bienfaisante. C'est qu'ici la conscience des parents et des maîtres corrige leur raison, s'il en est besoin; une fausse science ne peut jamais prévaloir contre le bon sens ni surtout contre le sens moral, si délicat chez les parents à l'égard de leurs enfants, et chez les maîtres à l'égard de leurs élèves.

Voici maintenant une autre conséquence de

l'hypnotisme pédagogique et moral, conséquence indirecte, il est vrai, mais bien instructive pourtant. Si des suggestions reçues dans l'hypnose et oubliées au réveil ont la vertu de modifier le cerveau et de transformer par là tout le tempérament moral d'un homme, pourquoi certains remèdes ou aliments ne réussiraient-ils pas aussi bien et mieux encore? Un atome dans le cerveau peut changer tout le cours de nos idées et de nos sentiments. On connaît cette réflexion de Pascal, qui montre la destinée du monde romain suspendue à la passion d'un homme, qui elle-même est déterminée par *un je ne sais quoi*. Mais, poursuit Pascal « ce je ne sais quoi, si peu de chose qu'on ne peut le reconnaître remue toute la terre, les princes, les armées, le monde entier ». Encore une fois donc, les infiniment petits ont des effets infiniment grands. De là une sorte d'homéopathie morale. Les passions les plus fortes seront allumées ou éteintes par quelque remède pris à dose infinitésimale; les vertus, les vices, les penchants pourront être créés ou détruits ou modifiés par le même principe.

Nous avouons pour notre part que cette prétention nous paraît mieux justifiée que celle des hypnotistes. Il y a plus de proportion entre l'absorption d'une pilule homéopatique et le changement des passions et du caractère qu'entre ce même changement et une simple suggestion verbale reçue en dormant et oubliée au réveil. Ajoutons que les représentants de cette homéopathie morale peuvent invoquer à l'appui de leur théorie une pratique déjà longue et des guérisons qui nous paraissent bien valoir celles des cliniques de Nancy et de la Salpêtrière.

De plus leur méthode est inoffensive par elle-même ; elle n'est pas entachée de ces procédés si humiliants pour l'humanité, je dirai même si abusifs, qu'on peut reprocher à certains opérateurs de Paris et de Nancy.

Mais, malgré cet éloge relatif, nous avouons rejeter la théorie des uns comme celle des autres. Il nous paraît, au contraire, que les principes de la perfection morale, les conditions de la vertu et de la réforme des mœurs ne sauraient changer essentiellement.

L'homme et l'enfant arriveront donc toujours au bien et au mieux, avec la grâce de Dieu, par le travail, la discipline, l'effort soutenu, le sage emploi du libre arbitre. C'est ce que j'ai déjà essayé de montrer ici même, il y a neuf ans, dans une conférence sur *l'hypnotisme et l'éducation*. Je n'y reviendrai pas.

Concluons donc brièvement. J'espère avoir exposé suffisamment les principales raisons qui me persuadent que la suggestion hypnotique est illicite et qu'il ne convient jamais ni de l'exercer ni de s'y soumettre. D'autres théologiens opinent différemment et concluent par exemple avec le P. Coconnier que « l'hypnotisme franc est permis quelquefois ». Mais je ne crois pas que cette conclusion, quelque mitigée qu'elle paraisse, ni surtout les raisons sur lesquelles elle s'appuie, puissent jamais rallier la plupart des théologiens. Il en sera plutôt de l'hypnotisme proprement dit comme des tables tournantes, qui, après avoir été regardées comme des curiosités scientifiques ou innocentes par nombre de catholiques et même de prêtres, qui les interrogeaient sans scrupule, ont été abandonnées comme des jeux superstitieux.

Si donc nous avions un conseil à donner en ce qui concerne l'hypnotisme et en particulier la suggestion hypnotique, nous répondrions de s'abstenir de toute participation ; et, dans le cas où l'on devrait assister à un titre quelconque, mais toujours sérieux, à quelque opération hypnotique, nous donnerions le conseil et même l'ordre, si nous en avions le droit, à titre de confesseur ou de curé, par exemple, de recourir soi-même et de faire recourir les autres autant que possible, selon les circonstances, aux moyens que l'Eglise indique pour empêcher toute intervention diabolique, savoir : l'intention absolue du bien, l'état de grâce, la prière, l'emploi des médailles et de l'eau bénites, etc. Nous savons, par des témoignages certains, que des tentatives faites sous ces garanties ont absolument échoué. Si l'hypnotisme est vraiment scientifique, il ne saurait s'offusquer de ces précautions ni se trouver par là frappé d'impuissance. Que les hypnotistes donc se contentent de sourire de nos craintes et se soumettent à nos conditions au lieu de nous soumettre aux leurs. Et peut-être que de ces expériences, autrement décisives que celles de Nancy ou de Paris, la vérité sortirait enfin éclatante. Quoi qu'il en soit et en attendant, notre foi dût-elle passer pour naïve, nous ne pouvons tenir un autre langage. Sans prétendre blâmer personne ni surtout imposer silence aux opinions contraires, nous réclamons, à notre tour, le droit d'enseigner et d'écrire selon notre conscience.

Lyon. — Imprimerie Emmanuel Vitte, rue de la Quarantaine, 18.

199

www.ingramcontent.com/pod-product-compliance
Lightning Source LLC
LaVergne TN
LVHW022144080426
835511LV00008B/1252